Wilhelm Spiegelberg

Die Novelle im alten Ägypten

Ein literarhistorischer Essay

Wilhelm Spiegelberg

Die Novelle im alten Ägypten
Ein literarhistorischer Essay

ISBN/EAN: 9783743497764

Hergestellt in Europa, USA, Kanada, Australien, Japan

Cover: Foto ©ninafisch / pixelio.de

Weitere Bücher finden Sie auf **www.hansebooks.com**

Die Novelle
IM ALTEN AEGYPTEN.

EIN LITTERAR-HISTORISCHER ESSAY

VON

WILHELM SPIEGELBERG.

STRASSBURG
VERLAG VON KARL J. TRÜBNER
1898.

Vorwort.

Die folgende Studie giebt in Form und Inhalt nahezu unverändert einen Vortrag wieder, welcher im November 1897 in Strassburg vor einem weiteren Kreise gehalten worden ist. Das gesamte hierher gehörige Material ist von Maspero[1]) und Flinders Petrie[2]) gesammelt und übersetzt worden.

Ich habe vor allem zu zeigen versucht, wie auch im Pharaonenreich die Novelle Geschichte[3]) und Character des Volkes wiederspiegelt, in dessen Phantasie die hier besprochenen Erzählungen im letzten Grunde wurzeln, wenn ihnen auch die Hand der lit-

---

1) G. Maspero: Contes populaires de l'Égypte ancienne. Paris 1882.

2) W. M. Flinders Petrie: Egyptian tales. London 1895.

3) Die Kulturentwicklung des Pharaonenreiches bis zum Hellenismus, welcher das Ende des nationalen Aegyptens bezeichnet und hier ausgeschlossen ist, gliedert sich in vier Perioden:

    Das alte Reich   (A. R.) u. 3000—2100.
    Das mittlere Reich (M. R.) u. 2100—1500.
    Das neue Reich   (N. R.) u. 1500—1000.
    Die Spätzeit   (Sp.) u. 1000—332.

terarisch Gebildeten[1]) erst die uns vorliegende Fassung gegeben hat. Vielleicht habe ich, um die einzelnen Punkte in der Entwicklung der Novelle schärfer hervorzuheben, hier und da die Farben stärker aufgetragen, als das geringe Material es gestattet, aber das Gesamtbild, welches ich zu zeichnen versuchte, halte ich für zutreffend.

---

[1] Die Namen der Verfasser sind nirgends überliefert, wir kennen nur in einigen Fällen die Verfertiger der uns überkommenen Handschriften.

Der Abendländer, welcher heute durch die Strassen Cairos oder irgend einer anderen Stadt des Orients wandert mit ihrer buntgedrängten Menge und dem lauten, verwirrenden Leben der Bazare, wird plötzlich durch ein eigenartiges Bild der Ruhe überrascht und gefesselt. Vor einem Caffeehaus auf einem erhöhten Sitz bemerkt er einen Mann, welcher mit lebhaften Gesten und vielleicht auch unter Begleitung eines für unsere Ohren wenig anmutigen Saiteninstruments eine Geschichte erzählt, und rings um ihn sitzt auf primitiv zugerichteten Stühlen oder Bänken eine andächtige Schaar von Zuhörern, die durch häufigen Zuruf wie „schön" oder „Allah" ihr Wohlgefallen zu erkennen geben. Und doch haben sie alle diese Geschichten des klugen Muhammed, des Abu Seid und wie diese Helden der aegyptischen Erzählungen sonst heissen mögen, schon unzählige Male gehört. Was diese Zuhörer anzieht, ist ja auch weniger der Inhalt der Geschichte als die Art des Vortrags, welche für jeden dieser berufsmässigen Erzähler characteristisch ist. Und nicht nur in Cairo oder den grösseren

Städten des Landes kann man dieses Bild beobachten. Wer einmal Gelegenheit gehabt hat, das Leben der aegyptischen Bauern (Fellahs) kennen zu lernen, wird auch in den kleinsten Dörfern arabische Rhapsoden angetroffen haben, welche einen alten Erzählungsstoff vor einer unverändert aufmerksam lauschenden Menge auskramen. Wie sich oft allgemeine Vorstellungen in unserer Seele zu einem bestimmten scharf umrissenen Bilde verdichten, so ruft in mir die moderne aegyptische Erzählung eine malerische Gruppe in Erinnerung. In dem Grabtempel des grossen Sesostris in der Todtenstadt des alten Theben sehe ich eine Schaar von Arbeitern versammelt, welche unter der Leitung des genialen englischen Archaeologen Flinders Petrie die Trümmer der von ihren Vorfahren in wunderbarer Pracht errichteten Bauwerke wieder aus dem Erdboden hervorzogen. Nach der Glut des Tages vergassen sie in der erquickenden Kühle einer mondhellen Nacht unter heiteren Erzählungen die Mühe der Arbeit. Auf den Trümmern der gewaltigen Architravbalken, auf Säulentrommeln und Kapitellen schloss sich der Kreis der gespannt lauschenden Zuhörer um den Erzähler. Wie ein Stück altaegyptischen Lebens erschien mir dieses Bild. Ganz ebenso mochten sich einst vor 3000 Jahren die an diesem Heiligtum thätigen Arbeiter Abends vergnügt haben, und als ich näher zuhörte, klangen mir in den einförmigen Märchen des Erzählers Töne wieder, welche mich lebhaft an die Erzählungen erinnerten, die einst im Pharaonenreich die Gebildeten wie das Volk erbaut hatten[1]), an die Novellen, welche ich zum Gegenstand dieses Vortrags ausgewählt habe. Sie sind neben der aegyptischen Lyrik wohl das einzige in der umfangreichen aegyptischen Litteratur, was auch uns Moderne noch anzuziehen vermag. Das Wort Novelle hat für uns einen ganz bestimmten Klang. Wenn wir es aussprechen, so klingen klassische Namen wie Goethe und Tieck, oder moderne wie Gottfried Keller und Paul Heyse in unserer Seele. Ich möchte Sie daher von vornherein vor der Täuschung bewahren, dass die aegyptische Novelle der heutigen innerlich nahe stehe. Wir vergessen zu leicht, dass diese glanzvollen Namen bereits die Höhen einer Entwicklung bezeichnen, welche in der Neuzeit mit Boccaccio und Cervantes anhebt. Welch ein Abstand zwischen einer Novelle des Italieners mit ihrem leichten, pikanten Plauderton und Goethe's Loewennovelle mit ihrem tiefen Gehalt und der feinen psychologischen Handlung! Und

---

1) Vgl. Spitta: Einltg. zu den Contes arabes.

doch stehen wir auch im 14. Jahrhundert noch nicht an der Wiege der Novelle. Über das ganze Mittelalter lässt sie sich verfolgen und auch im Altertum hat sie in Griechenland wie in Italien in reicher Blüte gestanden[1]). Wir sehen, der Name Novelle ist das äussere Deckblatt für innerlich sehr verschiedenartige litterarische Erzeugnisse. Er bedeutet ursprünglich nichts Anderes als die kurze, kunstgemässe Prosaerzählung eines einzelnen neuen Begebnisses, welches den Zeitgeist in irgend einer Form wiederspiegelt. Das Wesen und Leben der Novelle besteht aber, wie es ja der Name auch ausdrückt, in dem Neuen. Dieses Neue lag in der älteren Novelle mehr in den äusseren Ereignissen, für die spätere liegt es in den ewig neuen psychologischen Problemen der menschlichen Natur. So spreche ich auch hier nur in dem Sinne der älteren Novelle, der kurzen aus den umgebenden Zeitverhältnissen geborenen Erzählung, von der Novelle im Pharaonenreich.

Die verhältnismässig geringen Überreste, welche wir heute noch von dem einst so reichen Novellenschatz der alten Aegypter

---

1) S. Erdmannsdörffer: Das Zeitalter der Novelle in Hellas. Berlin 1870 (Band XXV der Preussischen Jahrbücher); eine Abhandlung, der ich die Anregung zu der vorliegenden verdanke.

besitzen, sind sämtlich auf Papyrusrollen geschrieben, die wohl entweder Bibliotheken oder Gräbern entstammen. In letzterem Falle waren sie dem Verstorbenen als angenehme Unterhaltungslectüre für das Jenseits zugedacht worden — ein Beweis, wie sehr der Aegypter an dieser Litteratur hing.

Wir besitzen keine Novelle aus dem alten Reich. Der Zufall mag daran schuld sein. Noch waren die Erinnerungen an die gewaltigen Kämpfe wach, in denen es einem kühnen Herrscher gelang, den Trotz der aegyptischen Grossen, der Gaufürsten, zu brechen und Aegypten für alle Zeiten in die Form eines Einheitsstaates zu giessen. Freilich war das geeinte Reich selbst in seiner ersten Periode arm an äusseren politischen Ereignissen, und die inneren Zustände waren ruhig und sicher. Die Feldzüge gegen die Beduinen der Sinaihalbinsel im Norden und gegen die immerwährend unruhigen nubischen Stämme im Süden waren im Grunde genommen nur Scharmützel, von welchen ausser in den von Übertreibungen strotzenden offiziellen Siegesberichten nicht viel die Rede war. Aber das alte Reich bot anderen Stoff: um die Phantasie eines Volkes anzuregen, die gewaltigen Grabbauten der Könige, die Pyramiden. Wir kennen nicht mehr aus Originalquellen die Sagen, welche die novellenbildende Phantasie des

Volkes um diese Bauten schlang, in denen die straffe Organisation des A. R. ihren monumentalsten Ausdruck gefunden hat. Aber sicherlich gehören manche der Geschichten, welche die Griechen und Araber über den Pyramidenbau zu erzählen wussten, in ihren Hauptzügen derjenigen Zeit an, welche wir bezeichnend genug die Pyramidenzeit nennen.

Die uns erhaltenen Novellen setzen erst mit dem M. R. ein. Es ist die Zeit, welche etwa die Jahre 2100—1500 umfasst, eine Zeit innerer schwerer Kämpfe für das Pharaonenreich. Das alte Reich war anscheinend — die Quellen fliessen hier nur spärlich — weniger einem äusseren Ansturm als vielmehr inneren Wirren erlegen. Die Gaufürsten hatten wieder ihre alte Selbständigkeit erlangt und der Staat des A. R. war darüber aus den Fugen gegangen. Es herrschten ähnliche Zustände, wie sie ja auch aus unserer deutschen Geschichte des Mittelalters bekannt sind; überall standen diese Grossen gegen einander im Streit, bis es endlich einem mächtigen Herrschergeschlecht, den Pharaonen der XII. Dyn., gelang, die unabhängigen Herzöge zu Vasallen zu machen und die alte Einheit, wenigstens äusserlich, wieder herzustellen. Erst jetzt konnte sich die Politik des Reiches wieder nach aussen wenden.

Im Süden und Norden drangen die aegyptischen Waffen siegreich vor, nachdem die Feinde die innern Wirren benutzt hatten, um die Provinzen in Nubien und auf der Sinaihalbinsel wieder an sich zu reissen. Auch die länger unterbrochenen friedlichen Handelsbeziehungen zu den Nachbarländern wurden von Neuem aufgenommen. Der aegyptische Kaufmann wagte sich wieder auf die See hinaus, oder zog mit seinen Waaren nach dem benachbarten Syrien und Palaestina. Unheimlich war dem Aegypter noch die Fremde mit allen Schrecknissen, die sie ihm bot. Die Löwen in den Waldschluchten, die unbändigen Beduinen liessen ihm den Aufenthalt in der Fremde als Wagnis erscheinen. Weiss doch ein didaktisches Gedicht unserer Zeit (Pap. Sallier II) von dem Sendboten zu berichten, dass er sein Testament macht, ehe er sich in die wilden Gegenden begiebt. Aber die Phantasie des Volkes beschäftigte sich lebhaft mit diesen neuen Eindrücken, die ihm von der Fremde kamen. Und wie noch heute in Oberaegypten der Bauer keine Gelegenheit versäumt, um sich bei dem weitgereisten Bekannten über die Neuigkeiten der Welt zu unterrichten — und sei es auch nur, um etwas von der Hauptstadt des Landes zu hören — so wird in der damaligen Zeit der aegyptische Kaufmann bei seiner glücklichen Heimkehr sehnsüchtig von einer neugierigen Menge erwartet worden sein. Dann sass er wohl, wie man das heute noch in einem arabischen Dorfe beobachten kann, Abends am Feuer und rings um ihn eine neugierige Schaar, welche die Erzählung mit dem gleichen lebhaften Interesse begleitete wie die heutigen Fellahs. An Übertreibungen wird es dabei nicht gefehlt haben, aber hier in der Fülle des neuen Stoffes lag ein fruchtbarer Boden für die Novelle, und die erste Novelle, die ich Ihnen hier mitteile, ist aus diesem Milieu hervorgegangen.

Mit ungemeiner Lebendigkeit werden wir gleich mitten in die Handlung eingeführt. Eben ist ein Schiff von einer langen Seereise zurückgekehrt und ein Matrose desselben eilt freudig bewegt zu dem Schiffsherrn, um ihm die glückliche Heimkehr mitzuteilen. „Heil dir, mein Gebieter" — ruft er aus — „denn wir haben die Heimat wieder erreicht, nachdem wir lange an Bord gewesen sind und die Ruder gezogen haben. Der Schiffsbug hat endlich die Erde berührt. Die Schiffsmannschaft umarmt sich vor Freude und Dankbarkeit. Schon manche sind vor uns glücklich heimgekommen, aber uns fehlt kein Mann, obwohl wir in ferne Lande[1] ge-

---

[1] Der Text enthält hier die Namen bestimmter südlich von Aegypten gelegener Länder.

drungen sind. Ja wir sind wieder glücklich heimgekehrt in unser Vaterland!"

Aber unser Held wäre kein wahrer Sohn seines Landes, wenn er sich lange diesen stürmischen Herzensergüssen überlassen hätte. Schon aus dem folgenden Satz schaut wieder der nüchterne, praktische Aegypter hervor. Unverzüglich bringt er sein Anliegen vor, aus welchem wir erfahren, dass unser Matrose nicht eigentlich zu der Besatzung des eingelaufenen Schiffes gehörte, sondern als Schiffbrüchiger unterwegs aufgenommen war. „Höre mich, mein Gebieter!" fährt er fort, „ich bin aller Mittel entblösst — empfiehl mich dem Pharao!", und erst jetzt folgt der Reisebericht.

Auf einem grossen Fahrzeug, 140 Ellen lang, 40 Ellen breit, hat sich unser Seefahrer mit 150 Matrosen nach den Bergwerken des Pharao eingeschifft. Die Fahrt verläuft anfangs sehr gut, aber plötzlich, als eben Land in Sicht ist, bricht ein furchtbarer Orkan los, welcher das Schiff mit Mann und Maus zum Sinken bringt. Mit Mühe gelingt es unserem Helden, sich 3 Tage lang auf einem Schiffsbalken zu behaupten, bis ihn endlich die Wellen ans Ufer treiben. Als er nach einem erquickenden Schlaf aufwacht, bemerkt er zu seiner freudigen Verwunderung, dass er sich auf einer schönen und fruchtbaren Insel befindet. Doch kaum hat er seinen Hunger gestillt und den Göttern ein Dankopfer dargebracht, als sich ein donnerndes Getöse hören lässt. Die Bäume zittern und die Erde bebt, und als der zu Tode erschrockene Matrose aufzublicken wagt, bemerkt er eine riesige Schlange, die sich auf ihn zu bewegt. Schon nach den ersten freundlichen Worten dieses Dämons, welcher sich als Beherrscher der Insel entpuppt, schwindet dem Matrosen jede Furcht. Wohlgemut erzählt er der Schlange, wie er auf das Eiland verschlagen ist, und diese prophezeit ihm, dass er nach vier Monaten wieder heimwärts fahren wird. Die Zeit vergeht ihm rasch genug. Denn die Schlange besitzt in unserer Erzählung an Stelle der ihr sonst zugeschriebenen bösen Eigenschaften nur die Leidenschaft, sich gern zu unterhalten. „Ein schönes Ding ist die Unterhaltung, man kommt dabei leicht über das Unglück hinweg", so tröstet sie den Schiffbrüchigen und erzählt dann mit Behagen von ihrer zahlreichen Schlangenfamilie, wie der aegyptische Bauer noch heute mit Vorliebe von seiner Familie spricht, wenn er Besuch aus der Fremde erhält. Hochbeglückt verspricht darauf der dankbare Matrose, dem Pharao von der Gastfreundschaft des Schlangendämons zu erzählen, und stellt u. a. eine grosse Sendung Weihrauch in Aussicht. Aber die Schlange lehnt das Geschenk lächelnd ab, indem sie ihrem Schützling klar macht, dass sie diese Dinge selbst auf der Insel in reichstem Masse besitze. Übrigens werde die Insel sich nach der Abreise des Matrosen in Wogen verwandeln. Nach 4 Monaten trifft richtig ein Schiff ein, und der Schiffbrüchige gelangt mit Geschenken reich beladen wieder in die Heimat. Die Erzählung schliesst mit der erneuten Bitte des Matrosen, für ihn bei dem Pharao ein gutes Wort einzulegen.

Ich habe wohl kaum nötig daran zu erinnern, wie viele Anklänge an die Odyssee und an die bekannten Erzählungen von Sindbad dem Seefahrer sich in dieser Novelle finden. Auch darin berühren sich die Erzählungen, dass in allen der Held selbst seine Erlebnisse berichtet. Damit wurde eine unmittelbarere, lebendigere Wirkung auf den Zuhörer erzielt.

Die Beziehungen zum Ausland liegen einer zweiten Novelle der uns hier beschäftigenden Zeit zu Grunde, welche auch später noch gern von den Aegyptern gelesen wurde. Aber wenn das Abenteuer des namenlosen Matrosen sich an eine Handelsfahrt knüpft und eine sagenhafte ferne Insel zum Schauplatz hat, so hebt sich die Handlung dieser Novelle, welche uns nach Palästina versetzt, von einem politischen Hintergrunde ab. Der Held heisst

Sinuhe, und alles deutet darauf hin, dass
er eine hervorragende Stelle am Hofe des
Königs Amenemhet I, des ersten Herr-
schers der XII. Dynastie (u. 2100) einnahm,
wenn er nicht gar ein Sohn des Königs war.
Es scheint, dass unser Held durch eine jener
Haremsintriguen, welche ja stets in der Politik des Orients bis auf den heutigen Tag
eine grosse Rolle gespielt haben, stark com-
promittiert war. Denn als bei Beginn der
Erzählung die Kunde von dem Tode Amen-
emhets I zu dem aegyptischen Heere dringt,
welches unter Führung des Kronprinzen und
nachherigen Königs Usertesen I gegen die
Libyer im Westen des Delta kämpft, verlässt
Sinuhe in höchster Bestürzung das aegyptische Lager und sucht nach Palästina zu
fliehen. Unter grossen Gefahren gelingt es
ihm, indem er sich Tags über versteckt hält
und Nachts marschiert, an den aegyptischen
Befestigungen vorbei die Grenze zu passieren.
Hier bricht er zusammen. „Meine Kehle
brannte", so schildert er seinen Zustand, „und
ich dachte, das ist der Geschmack des Todes,
doch ich richtete mein Herz wieder auf und
raffte mich zusammen. Da hörte ich das
Brüllen der Rinder und ich gewahrte Beduinen. Ihr Scheich kannte mich von Aegypten her. Der gab mir Wasser und kochte
mir Milch, und ich ging mit ihm zu seinem

Stamme." Hier wird er gut aufgenommen, zieht aber bald ruhelos weiter von einem Stamm zum andern, bis ihm endlich der Fürst von T e n u, einem syrischen Kleinstaat, an dessen Hofe sich auch andre politische Flüchtlinge aegyptischer Herkunft befinden, einen dauernden Wohnsitz anweist. Bald weiss sich Sinuhe so in die Gunst des Fürsten zu setzen, dass er ihn zu seinem Schwiegersohn macht und ihn mit einem reichen Grenzland belehnt. Es war nur zu menschlich, dass der fremde Emporkömmling den Neid der Grossen heraufbeschwor. Eines Tages trat einer von ihnen, ein berühmter Kämpe, vor das Zelt des Aegypters und forderte ihn zum Zweikampf heraus. Dieser nahm ihn an und setzte seine Waffen in Bereitschaft. Für das Folgende gebe ich unserm Erzähler das Wort:

„Als es hell wurde, kam das Land T e n u herbei, denn es wünschte diesen Kampf. Jedes Herz brannte für mich, die Frauen und Kinder schrieen, jedes Herz war krank um mich, und sie sprachen: Könnte denn kein andrer gegen jenen kämpfen?" — Nun beginnt der Kampf, welcher so geschildert wird. „Ich wich seinen Geschossen aus, sie waren wirkungslos. Als wir nun gegen einander losstürmten, ergriff er vor mir die Flucht. Da schoss ich auf ihn, und mein Pfeil steckte in seinem Nacken. Da stöhnte er und fiel auf seine Nase ... ich aber stiess auf seinen Rücken tretend das Siegesgeschrei aus. Alle Beduinen schrieen und ich gab dem Schlachtengott Montu Lobpreis ... der Fürst aber umarmte mich. Da nahm ich seine Habe weg und erbeutete sein Vieh. Was er mir zu thun gedachte, that ich ihm. Ich nahm fort, was in seinem Zelte war."

Ich habe Ihnen diese Schilderung deshalb in fast wörtlicher Übersetzung vorgelegt, weil sie einmal characteristisch ist für die lebendige Schilderung unseres Erzählers und nicht weniger deshalb, weil wir hier die älteste Schilderung des Beduinenlebens vor uns haben. Sie trifft noch heute in allen Punkten zu. Der ritterliche Sinn, welchen hier der streitbare Beduine zeigt, ist auch den heutigen Söhnen der Wüste noch eigen.

So bleibt Sinuhe noch viele Jahre bis in sein Greisenalter in Syrien, aber die Sehnsucht nach seiner Heimat verlässt ihn nicht. Eines Tages — wir wissen leider nicht, ob besondere politische Veränderungen in Aegypten hier mitspielten — schreibt er einen fein stilisierten Brief an den Pharao, ihm doch die Rückkehr zu gestatten, damit sein Leib in Aegyptens Erde ruhen könne. Und der König gewährt diese Bitte in einem Schreiben, welches dem Sinuhe mit reichen Geschenken überbracht wird. Hochbeglückt schreibt dieser einen dankerfüllten Brief an seinen Herrscher und begiebt sich auf die Reise; vorher aber verteilt er seinen Besitz unter seine Kinder, welche er in der Fremde zurücklässt. An der Grenze empfängt ihn ein hoher Beamter. Diesem stellt Sinuhe sein Gefolge vor, welches von dem Pharao reich beschenkt heimkehrt. Er selbst aber wird feierlichst von den Höflingen in den Palast geführt und beschreibt seinen Empfang folgendermassen:

„Ich fand seine Majestät auf dem Thron in dem Thronsaal aus Weissgold und ich warf mich auf meinen Bauch. Aber dieser Gott erkannte mich nicht, obgleich ich vor ihm war. Er fragte mich gnädig. Aber ich war wie ein Besessener (?), meine Sinne schwanden und meine Glieder versagten, mein Herz war nicht mehr in meinem Leib, und ich schwebte zwischen Leben und Tod. Da sagte seine Majestät zu einem der Hofleute: Richte ihn auf, dass er zu mir spreche! Aber erst nach einer erneuten Aufforderung des Königs stammelt Sinuhe einige Verlegenheitsworte: Ich fürchte — siehe — was mein Herr zu mir sagt — was soll ich darauf antworten. Ich habe nicht die Hand Gottes gerufen. Und doch ist mein Leib von tötlicher Angst erfüllt. Hier stehe ich vor dir, du bist das Leben, möge deine Majestät nach ihrem Belieben handeln!

Da wurden die königlichen Kinder geholt und seine Majestät sprach zu der königlichen Gemahlin: Siehe, Sinuhe ist angekommen wie ein Beduine... Da stiess sie einen sehr lauten Seufzer aus — der Erzähler will hier offenbar andeuten, dass die Königin einen Augenblick die Hofetikette vergisst — und die Königskinder riefen einstimmig und sprachen angesichts seiner Majestät: Das ist er doch nicht wirklich, o Fürst, mein Herr! Da sagte seine Majestät: Er ist es wahrhaftig." Nun stimmen die Prinzen und Prinzessinnen einen Lobgesang auf den Pharao an, welcher Sinuhe vor dem versammelten Hofe wieder in Gnaden aufnimmt. Unser Held aber begiebt sich in seine Gemächer, wo er wieder nach aegyptischer Mode gekleidet wird. Vor allem sorgt ein Barbier dafür, dass der den aegyptischen Schönheitssinn beleidigende asiatische Vollbart verschwindet.

Mit der Beschreibung der reichen Geschenke des Pharao, der dem greisen Sinuhe auch ein prächtiges Grab bauen lässt, schliesst unsere Novelle.

Die Frische und Natürlichkeit dieser Erzählungen verfehlt auch heute ihre Wirkung nicht. Aber ich muss Ihnen doch gestehen, dass ich dabei etwas die Hand im Werke gehabt habe, denn ganz so sehen diese Novellen im Original nicht aus. Ein litterarischer Feinschmecker des M. R. würde mir sicherlich nicht den Vorwurf erspart haben, dass ich kein Verständnis für die litterarische Eigenart dieser Novelle gezeigt habe. Denn ich habe die eigentliche Würze dieser Erzählungen unterdrückt, die geschraubten Wendungen und gesuchten Bilder, mit welchen die Reden der handelnden Personen gelegentlich ausstaffiert sind. Die uns hier beschäftigende Epoche ist für die Litteratur eine Zeit der Unnatur, wie sie viele Litteraturen aufzuweisen haben. Es war die Zeit, wo ein hoher Beamter[1]) sich in seiner Grabschrift „das warme Zimmer des Frierenden" oder „die Amme des Säuglings" nennen durfte, ohne der Lächerlichkeit zu verfallen. Giebt es doch sogar eine Novelle, welche wohl nur diesem Geschmack zu Liebe geschrieben worden ist, wenn sie nicht geradezu eine Satire auf die herrschende litterarische Geschmacklosigkeit ist. Denn der sich in schwülstigen Phrasen ergehende Held dieser Erzählung ist wahrscheinlich ein Bauer — der betreffende Name ist leider noch nicht sicher gedeutet — in jedem Fall aber ein den unteren Volksschichten angehörender Aegypter.

---

1) s. Erman: Gespräch eines Lebensmüden S. 1 ff.

Dieser Bauer — so will ich ihn kurz nennen — geht mit allerhand Handelsartikeln, die er auf Esel geladen hat, durch das Land. Unterwegs kommt er auch an dem Gut des Verwalters M e r u i t e n s i vorbei. Hier sieht ihn einer von dessen Leuten, ein Handwerker, welcher nach den Schätzen des Bauern das grösste Verlangen trägt und versperrt ihm den Weg. Während beide in lebhaftem Streit begriffen sind, benutzt einer der Esel die Gelegenheit, um sich an dem am Wege befindlichen Getreide gütlich zu thun. Jetzt macht der Handwerker kurzen Process. Er nimmt zur Strafe für diese harmlose Verletzung fremden Eigentums die Esel dem Bauern weg und verabreicht diesem noch obendrein eine gehörige Tracht Prügel. — Trotz dieser Behandlung versucht unser Bauer noch einmal sein Heil bei dem Handwerker. Erst dann appelliert er an dessen Herrn, den Gutspächter. Dieser legt sofort einem aus den Grossen der Umgegend zusammengesetzten Gericht den Fall vor. Da der Bauer aber keine Zeugen beibringen kann, so wird die Klage abgewiesen. Jetzt lässt der Gutspächter den Kläger zu sich kommen, welcher in den überschwänglichsten Worten und den gesuchtesten Bildern den Gerechtigkeitssinn seines Beschützers preist. Kaum hat dieser die wundervolle Rede vernommen, so eilt er voll Freude zu dem Pharao und teilt ihm mit, dass er einen erstaunlich beredten Bauern gefunden habe. Der König ist hocherfreut und befiehlt dem Gutspächter, den Process möglichst in die Länge zu ziehen, damit der unglückliche Bauer recht viel reden könne. Diese Reden sollen aufgezeichnet und dem König später zugestellt werden. So wird denn der Kläger wieder und wieder abgewiesen, und auch die Prügel, welche das einzige praktische Ergebnis seiner jedesmaligen Beschwerde sind, machen auf ihn ebensowenig Eindruck, wie auf seinen heutigen Nachkommen, den Fellah. Endlich als der Bauer zum neunten Male klagt, hat der Gutspächter genug, und er sendet die schönen Reden dem Pharao, welcher dem Meruitensi die Entscheidung der Klage überlässt. Natürlich gewinnt jetzt der Kläger den Process und beschliesst seine Tage in Glück und Reichtum, hoch geehrt von dem Pharao, welcher die gesammelten Reden des Bauern mit grösstem Entzücken liest. Wir werden das Urteil des Königs, welcher den herrschenden Geschmack seiner Zeit hier vertritt, schwerlich unterschreiben, denn die folgenden Proben dieser Rhetorik können uns nicht eben zur Begeisterung hinreissen. So wird der Gutspächter in der ersten Klage des Bauern mit einem Schiff verglichen und ihm Folgendes gewünscht:

„Wenn du auf dem See der Wahrheit fährst,
Mögest du mit gutem Winde fahren;
Möge dein Segel nicht lose flattern (?)
Möge kein Jammern in deiner Kajüte sein...
Mögest du nicht in den Grund rennen.
Mögen die Wogen dich nicht fassen....
Mögen die Fische dir nicht entgehen,
Mögest du Haufen von Wasservögeln fangen."

An anderen Stellen wird der so poetisch Angesungene der „Schurz genannt, welcher die Nacktheit bedeckt", oder „das Feuer, welches rohes Fleisch kocht". — Kurz diese Bilder sind für unser aesthetisches Empfinden wenig anmutig.

Wenn indessen meine Annahme einer litterarischen Satire das Richtige trifft, so würde bereits im M. R. der Protest gegen diese Geschmacksverirrung laut geworden sein, welche in der Litteraturgeschichte nicht vereinzelt dasteht. Gerade unsere deutsche Litteratur weist in der zweiten schlesischen Dichterschule, deren Koryphaeen Hofmann von Hofmannswaldau und Caspar von Lohenstein waren, eine ganz verwandte Periode der Unnatur auf. Und wie hier die Rückkehr zur Natur verhältnismässig schnell und gründlich erfolgt ist, so liess auch in Aegypten der gesunde Rückschlag nicht lange auf sich warten, und zwar hing er auf das engste mit den Ereignissen zusamen, welche das aegyptische Staatswesen im 18. Jahrhundert von Grund aus umgestalteten.

Das mittlere Reich erlag dem Ansturm der Hycsos, welche das Delta und den grössten Teil von Oberaegypten mühelos eroberten. Nur den äussersten Süden vermochten die Aegypter zu behaupten, und von hier aus begann die Rückeroberung des Landes, welches den Gegnern in blutigen langwierigen Kämpfen entrissen wurde. Mit der Eroberung der Hycsosfestung Auaris im Osten des Delta fand dieser nationale Befreiungskampf seinen Abschluss.

Es war eine grosse Zeit für die aegyptische Nation, und schwerlich ist je wieder eine Epoche von bedeutsameren Folgen für das aegyptische Staatswesen gewesen als diese.

Aus dem Feudalstaat des M. R., welcher auf einem Compromiss zwischen dem König und den Gaufürsten beruhte, war wieder ein Einheitsstaat mit straffer Organisation geworden, in welchem Klerus und Heer die bestimmenden Faktoren wurden. Aus dem Bauernvolk des M. R. hat sich während der langen Kämpfe ein Volk von Kriegern entwickelt, und vor allem ein Volk, welches nicht knechtisch dahin lebte, ohne thätiges Interesse an den Ereignissen seiner Zeit —

wie sich ja der Durchschnittsorientale dank seiner Regierung entwickelt hat — sondern ein selbstbewusstes, mitschaffendes Volk.

Eine solche Zeit mit einem erstarkenden Volksbewusstsein bedeutete in der Litteratur das Ende der Periode der Unnatur. In die Novelle zog jetzt etwas Volkstümliches ein, ein einfacher schlichter Ton der Erzählung mit einer leisen Hinneigung zur Burleske. Man sieht, das Leserpublikum, der Kreis der Zuhörer, war ein anderer geworden. Nicht mehr der kleine Kreis der litterarisch Gebildeten, sondern das Volk hörte und urteilte.

Dieser veränderte Ton zeigt sich z. B. in einer Novellensammlung, welche vielleicht während der Hycsoskämpfe entstanden ist.

Es war natürlich, dass sich die Phantasie des Volkes in einer Zeit des wiedererwachenden Nationalgefühls mit Vorliebe der Epoche zuwandte, in welcher man die gute alte Zeit verehrte, welche sich vornehmlich an die Namen Cheops, Chephren und Mykerinos anknüpft, jener Herrscher, deren mächtige Grabbauten noch als stumme Zeugen einer machtvollen Vergangenheit zu den in den Staub geworfenen Epigonen sprachen. — Diese Könige wurden zu Trägern von Erzählungen gemacht, in welchen eine alte Liebhaberei des aegyptischen Volkes ihren Ausdruck gefunden hat. Es sind Zaubergeschichten, für welche der Aegypter auch heute noch eine ganz besondere Vorliebe hat. Die Exposition dieser Erzählungen ist typisch für die aegyptische Novelle aller Epochen und findet sich auch in den Märchen von 1001 Nacht nicht selten verwendet.

Der König Cheops, also ein König dieser Zeit, lässt sich, wahrscheinlich um sich zu zerstreuen — der Zustand der ersten Seite unseres Papyrus lässt keine sichere Ergänzung zu — von seinen Söhnen Zaubergeschichten erzählen.

Nur noch vier der Erzählungen sind so erhalten, dass man den Zusammenhang verstehen kann. Ich teile sie hier kurz mit. Sie beschäftigen sich sämtlich mit den Vorfahren des Königs Cheops.

Der erste Erzähler, Prinz Chephren, berichtet seinem Vater Cheops ein „Wunder" — so lautet hier sehr bezeichnend der aegyptische Ausdruck für die Novelle — die sich ereignende unerhörte Begebenheit nach Goethes Definition — von dem König Nebka, welcher einmal einen Priester, namens Webaoner und dessen Frau besucht. Diese liebt einen Bürgersmann und bestellt ihn eines Tages zu einem Stelldichein in das Landhaus ihres Gartens. Als sie von dem Hausmeister gesehen wird, berichtet dieser sofort darüber seinem Herrn, der eine eigenartige Rache an dem Schänder seiner Ehre nimmt. Er bildet ein Krokodil von 7 Ellen Länge aus Wachs und übergiebt es dem Hausverwalter mit der Weisung, es hinter dem Bürger herzuwerfen, wenn er Abends im See baden würde. Im gegebenen Augenblick verwandelt sich das Wachskrokodil in ein wirkliches und zieht sein unglückliches Opfer auf den Grund des Sees. Hier weilt nun der Bürger 7 Tage, während der Priester bei dem König ist. Erst am achten Tage erfährt dieser von dem Wunder und ist begierig, es kennen zu lernen. Weba-oner macht sich also mit dem König auf den Weg, beschwört das Krokodil mitsamt dem Bürger aus der Tiefe und verwandelt es vor den Augen des entsetzten Pharao wieder in ein Wachskrokodil. Jetzt lässt sich der König die näheren Vorgänge dieses Wunders beschreiben und befiehlt dem Krokodil, mit dem Bürger wieder in die Tiefe zu versinken. Die Frau aber lässt er verbrennen und die Asche in den Strom streuen.

Cheops ist von dieser Erzählung seines Sohnes so hoch erbaut, dass er den Manen des Königs Nebka und des Priesters ein Totenopfer darbringen lässt.

Darauf berichtet der Prinz Biufre seinem Vater folgendes Wunder, welches zur Zeit des Snefru geschehen war. Der König versammelte einmal in einer Anwandlung von

Schwermut den Hof um sich und wollte sich von seinen Grossen belustigen lassen. Allein vergebens. Da sendet er nach seinem obersten Vorleser und Buchschreiber D e d - e m - o n c h, der ihm folgende Zerstreuung anrät. „Es begebe sich doch deine Majestät", spricht er, „zum See deines Palastes und besetze ein Boot mit allen Schönen aus deinem Palaste. Das Herz deiner Majestät wird sich erheitern, wenn du siehst, wie sie hin und herrudern, und wenn du die schönen Dickichte deines Sees siehest und deine schönen Felder und Ufer, so wird dein Herz sich daran erheitern. Ich aber werde die Fahrt einrichten."

So werden 20 wohlgestaltete Jungfrauen in ein schön hergerichtetes Schiff an die Ruder gesetzt und der König freut sich der Fahrt. Plötzlich fängt eins der Mädchen sich mit ihrem Haar an dem Ruder, und ihr Malachitschmuck fällt ins Wasser. Als sie nun aufhört zu rudern, stört sie ihre Reihe, und das Schiff bleibt stehen, denn obwohl der König ihr einen neuen Schmuck verspricht, beharrt sie bei ihrer Weigerung, da sie ihr altes Juwel wieder haben will. So lässt der König den Dedem-onch kommen und berichtet ihm, was vorgefallen ist. Der kluge Mann ist nicht lange in Verlegenheit. Mit einem kräftigen Zauberwort klappt er den

See wie ein Buch zusammen, und der verlorene Schmuck findet sich. Voll Entzücken über dieses Wunder veranstaltet der König ein grosses Gelage und entlässt den Vorlesepriester reich belohnt. — Die Manen des Königs Snefru aber erhalten von Cheops ein reiches Opfer.

Den Preis unter den Erzählern aber erringt der dritte Sohn Har-dadaf, der auch sonst in der aegyptischen Litteratur bekannt ist. Er wendet sich also an seinen Vater: „Bisher hast du nur Geschichten der Vorzeit gehört, von denen man nicht weiss, ob sie wahr sind. Aber ich werde deine Majestät einen Zauberer deiner eigenen Zeit sehen lassen . . . Da fragte seine Majestät: Wer ist das, Har-dadaf. Prinz Har-dadaf aber antwortete: Es ist ein Bürger namens Dedi, der in Ded Snefru wohnhaft ist, er ist 110 Jahre alt und bis auf den heutigen Tag isst er fünfhundert Brote und an Fleisch eine Rinderkeule und trinkt hundert Krüge Bier. Er versteht es, einen abgeschnittenen Kopf wieder anzusetzen, er versteht es zu bewirken, dass ein Löwe ihm gehorsam folgt, und er kennt auch ein Geheimnis im Heiligtum des Gottes Thot."

Dieser Schilderung kann die Neugier des Königs nicht widerstehen. Er lässt den Dedi durch seinen Sohn holen. Mit köstlichem Humor wird nun die Begegnung des Königssohnes mit dem alten Weisen geschildert, welcher seinem Appetit entsprechend über ein so stattliches Körpergewicht verfügt, dass ihm Har-dadaf von seinem Sitz aufhelfen muss. Der König empfängt den Weisen im Palast und zwischen beiden entspinnt sich ein Gespräch, welches für die aegyptische Hofetikette recht gemütlich ist.

Der König fragte: „Was soll das, Dedi, dass ich dich nie gesehen habe!" Dedi antwortete: „Nur wer gerufen wird, kommt; als mich der König gerufen hat, bin ich gekommen." Nun lässt der König einen Gefangenen vorführen, damit Dedi sein blutiges Experiment an diesem versuche. Doch der Zauberer lehnt diese Forderung mit den Worten ab: „Doch nicht an einem Menschen, o König, mein Herr; vielleicht befiehlt man, solches an einem trefflichen Tiere zu thun." „Da brachte man ihm eine Gans, schnitt ihr den Kopf ab und legte die Gans auf die westliche Seite der Halle und ihren Kopf auf die östliche Seite der Halle. Dedi sagte etwas als Zauber und die Gans stand da und bewegte (?) sich und ebenso ihr Kopf. Als dann ein Stück zum andren gelangt war, stand die Gans da und schnatterte." — Ebenso glücklich gelingen die andren Experimente zur grossen Befriedigung des Königs, welcher darauf nach den Geheimnissen des Heiligtums des Gottes Thot forscht. Die folgende Erzählung des Dedi mit den sich anschliessenden Ereignissen ist in der vorliegenden Handschrift nicht ganz erhalten. Nur so viel sehen wir, dass hier das Emporkommen eines neuen Geschlechts auf den Thron des Cheops in novellistischer Weise berichtet wird[1].

Ich will Ihnen das Nähere hier nicht mitteilen, sondern noch einmal kurz darauf hinweisen, wie in diesen Erzählungen im Gegensatz zu denen des M. R. ein entschieden volksmässiger Ton durchdringt. Die unnatürliche geschraubte Sprache des M. R. ist hier vollständig geschwunden und hat überall, selbst wo der König auftritt, einer schlichten, einfachen Sprache Platz gemacht. Dabei ist der Aufbau der Novelle, namentlich in der ersten Erzählung, ungeschickt, und hier und da ist ein Zug zur Burleske bemerkbar, welcher auf ein bestimmtes Publikum berechnet war.

Auch der Kampf gegen die Hycsos wird in der Novelle Spuren hinterlassen haben.

---

[1] Gemeinsam ist allen diesen Erzählungen die Belohnung des Erzählers durch den König. Vielleicht lag darin ähnlich wie in der Spielmannspoesie des Mittelalters ein Wink an die Zuhörer, an solcher Freigebigkeit sich ein Beispiel zu nehmen.

Und es ist gewiss nur ein Zufall, dass wir bis jetzt nur eine aus etwas späterer Zeit stammende, leider in sehr fragmentarischem Zustande erhaltene Erzählung besitzen, welche sich auf den grossen Befreiungskampf bezieht. Aller Wahrscheinlichkeit nach behandelte sie den Ausbruch des Krieges. Der Hycsoskönig Apophis richtet an den König des noch in den Händen der Aegypter befindlichen Südens Seknen-Re die Aufforderung, die Nilpferde eines thebanischen Sees zu verjagen, welche ihm den Schlaf rauben. Falls sich der Pharao weigert, dem Befehle Folge zu leisten, soll er gezwungen werden, den Kultus des aegyptischen Nationalgottes Re mit dem des Hycsosgottes Sutech zu vertauschen. Leider bricht hier die Handschrift ab und wir erfahren nicht, wie sich der König aus der Verlegenheit half.

Die Ereignisse, welche der Vertreibung der Hycsos folgten, führten der Novellenbildung ganz neue Stoffe zu. Als nach dem Fall des letzten Bollwerkes der Hycsos die aegyptischen Heerschaaren kampfesmutig an der Grenze des Reiches standen, wagte ihr Führer, der König Amasis, einen Vorstoss in feindliches Gebiet, welcher für die auswärtige Politik Aegyptens bestimmend wurde. Zum ersten Male seit den Zeiten des Re, wie der Aegypter die graue Vorzeit seiner Geschichte bezeichnete, setzte ein aegyptisches Heer den Fuss auf den Boden Palaestinas. Seit dieser Zeit begann die grossartige Eroberungspolitik der Pharaonen in Vorderasien. Wieder und wieder wurden aegyptische Heere in Feindesland geworfen, bis endlich Syrien und Palästina eine aegyptische Provinz geworden waren, welche durch zahlreiche Festungen im Zaum gehalten wurde. Etwa 500 Jahre blieb diese Provinz ein heissumstrittener Besitz der Aegypter mit immer wechselnden Grenzen, dann ging er an die von Norden vorrückenden Hettiter verloren, welche lange Zeit die Vormacht der nordasiatischen Völker bildeten.

Solche Ereignisse mussten begreiflicher Weise die Lust zu fabulieren im höchsten Maasse erregen. Wer möchte all die neuen Eindrücke schildern, welche die Seele der aegyptischen Krieger bewegten! Man denke sich den aegyptischen Bauern in seiner überaus einförmigen Landschaft — und daneben die Märsche durch die Schluchten des Libanon und über die schneebedeckten Höhen des Amanos, dazu die so ganz anders gearteten und gekleideten semitischen Völker im Feindesland, welches bereits eine hohe Kultur besass, die auch an der aegyptischen Kunst nicht spurlos vorüberging. Unwillkürlich drängt sich ein Vergleich mit den Kreuzzügen auf, welche ja auch die Phantasie des Abendlandes mit neuen Stoffen erfüllten, oder mit der Kulturbewegung, welche der griechischen Kolonisation in dem Mutterland folgte. Hier wie dort war es eine Zeit, in welcher der dichterisch schaffende Trieb mit der Fülle der neuen Eindrücke wuchs. Während des Marsches und Abends am flackernden Wachtfeuer schuf auch hier die Phantasie jene Gestalten, an welche später der Novellist nur die letzte Feile zu legen brauchte, um sie in den Litteraturschatz seines Volkes einzuführen.

Leider hat uns auch hier ein widriges Geschick nur verhältnismässig wenig bewahrt, aber wir können uns doch nach den geringen Proben eine Vorstellung von der historischen Novelle dieser Zeit verschaffen.

Der Held der ersten Erzählung, über welche ich hier berichten will, ist Thutii, ein General des Königs Thutmosis III, des eigentlichen Begründers der aegyptischen Weltmacht[1]). Der verlorene Anfang der Novelle lässt sich etwa so ergänzen: Eines Tages wurde dem König Thutmosis III ge-

---

1) Wir besitzen noch heute einige Kostbarkeiten, welche der König seinem toten Feldherrn in das Grab stiftete.

meldet, dass im Norden des Reiches der Fürst der Stadt Jopu (heute Jaffa) sich empört und die gesamte Besatzung der Stadt niedergemetzelt habe. Der König geriet darob in Zorn wie ein Panther des Südens und gelobte diese Unthat zu rächen. Sofort trug er seinen Grossen den Fall vor, aber sie blieben sprachlos. Nur Thutii trat vor; er erbat sich Fusssoldaten und Wagenkämpfer und für eine Kriegslist 500 riesige Krüge oder Säcke — die Übersetzung des Wortes ist nicht sicher — nebst der grossen Keule des Pharao. So zog er gegen den Fürsten von Jaffa. Dieser versuchte zunächst durch Versprechungen den grossen Feldherrn für sich zu gewinnen und traf mit ihm ausserhalb der Stadt zusammen. Als nun beide mit ihrem Gefolge beim Weine sassen und guter Stimmung waren, äusserte der Fürst von Jaffa plötzlich den lebhaften Wunsch, die vielgerühmte Keule des Königs Thutmosis zu sehen. Thutii erfüllt seinen Wunsch und zeigt sie dem etwas trunkenen Fürsten in seinem Zelt, um sie im nächsten Augenblick auf seinen Schädel sausen zu lassen. Der ohnmächtige Fürst aber wird gefesselt. Jetzt lässt Thutii 200 der mitgebrachten gewaltigen Krüge mit Soldaten und Gerätschaften füllen. Der in der Stadt zurückgebliebenen Fürstin aber, welche sich nach dem Verbleib ihres Gemahls erkundigt, lässt er sagen, dass der Fürst zwar gefallen aber Thutii gefangen sei. In 200 Krügen werde die Beute in die Stadt gebracht. So wurde der seltsame Zug in die Thore eingelassen. Die Träger öffneten die Krüge, welchen die Soldaten entstiegen, und die Stadt war erobert.

Die hier angewandte Kriegslist begegnet uns auch bei andren Völkern und zu andren Zeiten wieder. Das hölzerne Pferd von Troja oder die köstliche Geschichte von Ali Baba und den Dieben in den Märchen der 1001 Nacht werden Ihnen gewiss dabei eingefallen sein.

Und noch stärkere Heimatklänge, wenn ich den litterarischen Besitz der Kinderzeit so bezeichnen darf, wird in Ihnen die folgende Erzählung von dem verwunschenen Prinzen wachrufen. Ich würde sie ein Märchen nennen — und wer den Namen wählen will, darf es thun —, wenn ich nicht in dem Schauplatz der Handlung und in einigen besonderen Zügen eine bestimmte Beziehung auf die Zeitgeschichte sehen möchte. Ich gebe hier ganz dem aegyptischen Novellisten das Wort, dessen Erzählungston ich im folgenden wieder zu geben versucht habe: „Es war einmal ein König, der hatte keinen Sohn. (Als er nun in seiner Betrübnis die Götter darum bat,) erfüllten sie seinen Wunsch, und die Königin gebar einen Knaben. Da kamen die Feen („die Hathoren"), um ihm sein Schicksal zu verkünden, und sie sprachen: „Er stirbt durch das Krokodil, die Schlange oder den Hund." Das hörten die Leute, welche bei dem Kinde standen, und sie gingen zu seiner Majestät. Da wurde das Herz seiner Majestät sehr betrübt. Und seine Majestät liess [ihm ein Haus fern] im Gebirge bauen, das war mit Leuten und allerhand schönen Dingen des königlichen Hofhaltes versehen. Der Knabe aber durfte nicht hinausgehen. Als nun der Knabe grösser geworden war, stieg er auf das Dach seines Hauses. Da gewahrte er einen Hund, welcher auf dem Wege hinter einem Mann herlief, und er sagte zu seinem Diener, der bei ihm war: Was läuft da hinter dem Mann her, welcher auf der Strasse geht. Der antwortete ihm: Das ist ein Windhund. Und der Knabe sagte ihm: Ich möchte auch einen solchen haben. Da erzählte es der Diener seiner Majestät wieder, und seine Majestät sagte: Er soll einen kleinen Windhund haben, damit er nicht betrübt ist. Da brachte man ihm den Windhund. Als nun einige Zeit darauf der Knabe an allen Gliedern gross geworden war, sandte er an seinen Vater und liess ihm sagen: Was soll ich mich hier müssig verliegen. Ich bin ja doch dem Schicksal unterworfen . . ., sollte ich nicht thun, wonach mir der Sinn steht. Gott thut, was er will. – Da [liess man den Jüngling aus dem Haus heraus gehen und gab ihm] allerhand Gerät. Man setzte ihn in das Ostland über und sagte ihm: Gehe hin, wohin du willst. Sein Hund aber war bei ihm, und er zog im Lande umher wie es ihm gefiel und lebte von dem besten Wild des Landes. So kam er nun zu dem Fürsten von Mesopotamien. Der Fürst von Mesopotamien hatte aber nur eine Tochter. Der hatte er ein Haus gebaut mit 70 Fenstern, die 70 Ellen vom Erdboden entfernt waren. Und er liess alle syrischen Fürstensöhne zu sich bringen und sprach zu ihnen: Wer das Fenster meiner Tochter erreicht, der soll sie zur Frau haben. Als nun (die Fürstensöhne) längere Zeit hernach bei ihrer täglichen Beschäftigung (nämlich den Kletterversuchen) waren, kam der Jüngling zu ihnen. Und sie nahmen ihn in ihr Haus auf, badeten ihn, gaben ihm Futter für sein Gespann und machten alles mögliche für den Jüngling. Sie ölten (seine Haare), salbten seine Füsse und gaben ihm von ihrem Brot ab. Dann sagten sie ihm im Laufe des Gespräches: Woher kommst du, vortrefflicher Jüngling? Und er antwortete ihnen: Ich bin der Sohn eines Ritters aus dem Land Aegypten. Meine

Mutter starb und mein Vater nahm sich eine andre Frau. Es kamen Kinder und sie fing an, mich zu hassen. So bin ich vor ihr geflohen. Da umarmten sie ihn und küssten ihn. — Das nächste ist zerstört. Man sieht aber soviel, dass der Prinz bei irgend einer Gelegenheit den Anlass erfährt, aus welchem sich die syrischen Fürstensöhne versammelt haben. „Wenn es euch recht ist", nimmt unser Held wieder das Wort, „so werde ich zusammen mit euch klettern." So machten sie sich wieder an ihre täglichen Aufstiegversuche. Der Jüngling stand nun weitab und schaute aus, da zeigte sich das Antlitz der Tochter des Fürsten von Mesopotamien. Kurze Zeit darauf kletterte der Jüngling mit den Fürstensöhnen, und wie er kletterte, erreichte er das Fenster der Tochter des Fürsten von Mesopotamien. Da küsste sie ihn und umarmte ihn herzlich. Und man ging, um das Herz ihres Vaters zu erfreuen und meldete ihm: Ein Mann hat das Fenster deiner Tochter erreicht. Da forschte der König: Der Sohn welches Fürsten? Man antwortete ihm: Der Sohn eines Offiziers, der hierher gekommen ist auf der Flucht aus dem Lande Aegypten — vor seiner Mutter — als Kinder kamen. Sehr realistisch ist hier die Rede des betroffenen Boten abgekürzt. Da geriet der Fürst von Mesopotamien in die grösste Wut und sprach: Soll ich etwa meine Tochter einem aegyptischen Flüchtling geben? Er soll sich zum Teufel scheren! Da sagte man dem Prinzen: Kehre wieder in deine Heimat zurück! Aber die Tochter ergriff ihn und schwur einen heiligen Eid, indem sie sagte: Bei dem Sonnengott Ra-Harmachis, wenn man ihn mir entreisst, so will ich nicht essen und nicht trinken, sondern auf der Stelle sterben. Da ging der Bote und berichtete ihre Worte ihrem Vater. Da sandte der Fürst Leute, um ihn in seinem Hause zu töten. Aber die Tochter sagte ihnen: Bei dem Gott Re, wenn man ihn tötet, so werde ich morgen tot sein. Keine Stunde will ich (ohne ihn) leben.

So lässt sich der Vater endlich erweichen, umarmt den Prinzen, welcher sich ihm ebensowenig zu erkennen giebt wie den Fürstensöhnen, und giebt ihm seine Tochter und eine reiche Mitgift.

Eines Tages erzählte der Prinz seiner Frau: „Ich bin 3 Geschicken unterworfen, dem Krokodil, der Schlange, dem Hund. Da sagte sie ihm: Lass doch deinen Hund töten. Er erwiderte: Nein ich werde meinen Hund nicht töten. Ich habe ihn mir gross gezogen. Und sie war um ihren Mann sehr besorgt und liess ihn nicht allein ausgehen." — Von hier an ist der Papyrus leider so zerfetzt, dass ich nur noch den Gang der Handlung angeben kann. Ich lasse dabei die Ereignisse so folgen, wie der Erzähler es thut.

Der Prinz beschliesst also eines Tages mit seiner Frau, nach Aegypten zurückzukehren und lässt sich in der Nähe eines Sees nieder. In diesem befand sich ein Krokodil, welches von einem Riesen bewacht wurde.

Der Prinz aber wohnte in seiner Hütte, bei Tag und bei Nacht ängstlich von seiner treuen Frau bewacht. Eines Nachts kam eine Schlange aus ihrem Loch, um den Prinzen zu beissen, aber die Frau wachte, liess eine Schale Milch aufstellen, nach deren Genuss das Tier mit leichter Mühe getötet wurde. Freudestrahlend weckt die Frau ihren Mann mit den Worten: „Siehe dein Gott hat eines deiner Geschicke in deine Hand gegeben, er wird dir auch [die anderen] überliefern!" Er aber opferte dankerfüllt dem Gotte.

Wenige Tage darauf ging nun der Prinz, nur von seinem Hunde begleitet, in der Nähe des Sees spazieren. Da stieg das Krokodil hervor, schleppte ihn zu dem Riesen und sprach: Siehe! ich bin dein Schicksal. — Hier folgen nur noch wenige Worte, aber vielleicht erlauben diese, nach einer schönen Vermutung Masperos, den Schluss so zu ergänzen: Es kommt zum Kampf zwischen dem Krokodil und dem Prinzen. Dieser erlegt zwar das Ungeheuer, wird aber selbst durch Zufall während des Kampfes von seinem treuen Hunde zum Tode verwundet, welcher so, ohne es zu wollen, in tragischer Weise die Prophezeiung der Feen erfüllte.

Wie anders malte sich in dem Kopf dieses Erzählers das Ausland als in früheren Zeiten! Ich bemerkte schon vorher, welches Grauen der Aegypter des M. R. vor der Fremde empfand. Nur gezwungen lenkt Sinuhe als Flüchtling die Schritte in das Barbarenland. Und wenn er auch hier unverhofft gastliche Aufnahme bei einem syrischen Fürsten findet, so ist doch sein Leben nicht ohne Gefahren, und als ihm endlich in hohem Alter die Erlaubnis zur Rückkehr zu teil wird, wagt er es nicht, seine Familie mit über die Grenze zu bringen.

Der Held der letzten Novelle dagegen wandert aus freiem Willen aus, um nicht thatenlos daheim zu bleiben. Der flüchtige aegyptische Offizier — denn als solcher tritt er ja auf — wird von den syrischen Fürstensöhnen wie ein Bruder aufgenommen. Man sieht, für den Aegypter des N. R. war das Ausland nach den Feldzügen der Pharaonen und durch die daraus entwickelten Handelsbeziehungen nicht mehr das Barbarenland.

Und wenn der aegyptische Königssohn eine syrische Fürstentochter als sein Weib heimführt, so folgte er nur dem Beispiel der Pharaonen jener Zeit, welche häufig asiatische Prinzessinnen in ihren Harem aufnahmen.

So wurzelt auch diese Novelle durchaus in den Zeitverhältnissen, so märchenhaft[1]) sie uns auch zunächst anmutet mit dem ungemein schlichten Ton der Erzählung und den allgemein menschlichen Empfindungen, welche darin durchklingen. Gerade in letzterer Hinsicht darf man hervorheben, dass in dieser Novelle gegenüber den früheren das psychologische Moment mehr in den Vordergrund getreten ist. Der ungestüme Thatendrang des Jünglings, seine Gedanken über das Fatum, die Entschlossenheit des liebenden Mädchens und die rührende Treue eines aufopfernden Weibes stehen hier gleichwertig neben den äusseren Vorgängen der Erzählung.

Um psychologische Probleme bewegt sich die letzte der Novellen, welche ich Ihnen aus der Zeit des nationalen Pharaonenreiches mitzuteilen habe. Aber im Gegensatz zu der Erzählung vom „verwunschenen Prinz" ist sie nicht aus einem Guss entstanden, sondern

---

1) Man beachte auch, dass keine der handelnden Personen einen Namen führt.

hat eine Ueberarbeitung erfahren, auf welche ich später noch kurz zurückkomme.

„Es waren einmal 2 Brüder", so beginnt die Erzählung, „von einer Mutter und einem Vater, Anubis hiess der ältere, Batau der jüngere. Anubis besass nun ein Haus und ein Weib, sein jüngerer Bruder aber war bei ihm als Knecht. Er machte ihm Kleider, er trieb sein Vieh auf die Weide, er pflügte und erntete und verrichtete jede Feldarbeit. Kurz sein jüngerer Bruder war ein vortrefflicher Landmann, nicht gab es seinesgleichen im ganzen Lande, ein göttlicher Geist war in ihm.

So weidete nun sein jüngerer Bruder sein Vieh alle Tage, und allabendlich kehrte er heim in sein Haus, mit allen Kräutern des Feldes, mit Milch und Holz und allen guten Dingen des Feldes. Und er legte sie vor seinem älteren Bruder nieder. Der sass mit seiner Frau da und trank und ass. Er aber ging in seinen Stall und legte sich bei seinem Vieh schlafen. Am nächsten Morgen nahm er Brot, welches er gebacken hatte und legte es vor seinen älteren Bruder. Der gab ihm Brot mit auf das Feld, und er trieb sein Vieh vor sich her auf die Weide.

Wenn er nun hinter seinen Rindern herging und sie zu ihm sprachen: „das Kraut ist an diesem oder jenem Ort gut", dann hörte er, was sie sagten und führte sie an den guten Grasplatz, nach welchem sie verlangten. So gediehen seine Rinder ganz vortrefflich und vermehrten sich ausserordentlich."

Nach diesem reizvollen Idyll, welches uns mit grosser Lebendigkeit in das alltägliche Landleben versetzt und sich fast wie ein Text zu den schönen Tierreliefs des alten Reiches ausnimmt, beginnt die eigentliche Handlung, welche ich Ihnen in grossen Zügen, nur hier und da mit den Worten des Erzählers, vorführen will.

Eines Tages, als der Nil im Fallen begriffen war, sagte der ältere Bruder zu dem jüngeren: Lass uns ein Gespann Ochsen zum Pflügen fertig machen. Denn das Land taucht aus dem Wasser hervor, es ist gut zum Pflügen! So machen sich beide am nächsten Morgen an die Arbeit. Als sie nun an einem der nächsten Tage bei der Aussaat sind, schickt Anubis den Batau in sein Haus, um neues Getreide zu holen. Hier findet dieser die Frau seines Bruders mit dem Kämmen ihres Haares beschäftigt. Sie weist ihn an, sich das Getreide von dem Speicher zu holen. Als er sich aber zum Fortgehen anschickt, entwickelt sich zwischen beiden eine Scene, wie sie sich zwischen Joseph und der Frau des Potiphar abspielt. Auch Batau bleibt standhaft und verlässt entrüstet das Haus, aber nicht ohne noch vorher in dem Versprechen des Stillschweigens ein weiteres Zeugnis für seinen edlen Charakter offenbart zu haben. Dieser Edelmut wird ihm zum Verderben, denn das treulose Weib, welches dem Batau nicht traut, beschliesst, ihn unschädlich zu machen. Als der ältere Bruder abends heimkommt, findet er sein Haus dunkel, und beim Öffnen der Thür liegt vor ihm sein Weib beschmutzt und mit zerrissenen Kleidern. Nachdem sie mit meisterhafter Verstellung Anubis vorgespiegelt hat, dass ihr Batau Gewalt angethan, fordert sie entschlossen seinen Tod. Anubis eilt nun unverzüglich mit gezücktem Schwerte nach dem Stall, wo er hinter der Thür dem vom Felde heimkehrenden Bruder auflauert. Aber dieser wird rechtzeitig durch die Leitkuh seiner Heerde gewarnt, bemerkt die Füsse des Anubis unter der Stallthür und ergreift die Flucht. Hinter ihm her jagt aber mit geschwungenem Schwert sein Bruder. Schon ist er ihm dicht auf den Fersen, als im Augenblick der höchsten Not der Sonnengott Re zwischen beiden einen Fluss mit Krokodilen entstehen lässt. Jetzt überzeugt Batau den Bruder in längerer Rede von seiner Unschuld und zieht dann in die Ferne, da er erklärt, mit dem Bruder nach diesen Vorgängen nicht mehr zusammen leben zu können. Anubis aber kehrt nach Hause zurück, tötet sein Weib und wirft sie den Hunden vor, und trauert um seinen jüngeren Bruder.

So etwa sah die Novelle aus, ehe sie ihre überlieferte Gestalt erhielt. Es ist begreiflich genug, dass sie im Hinblick auf die verwandten Züge in andren Litteraturen und namentlich die überraschende Verwandtschaft mit der Josephsgeschichte viel von sich reden gemacht hat. Ob wirklich Entlehnungen anzunehmen sind, ist eine Frage, die sich mit Sicherheit zur Zeit nicht beantworten lässt, denn hier kommen wir nicht über Hypothesen hinaus.

Für mein Gefühl ist die Annahme einer Entlehnung aus Aegypten nicht notwendig gegeben. Die Motive dieser Novelle sind so allgemein menschlich, dass sie sich sehr wohl bei den verschiedensten Völkern unabhängig entwickelt haben können. — „Es ist eine alte Geschichte" — nur das Kolorit ist aegyptisch.

Ich bemerkte schon, dass unsere Novelle heute nicht mehr ganz so aussicht, wie ich sie Ihnen vorgestellt habe, denn sie ist in eigentümlicher Weise mit einem Märchen verarbeitet worden, welches vielleicht nicht auf aegyptischem Boden erwachsen ist.

In der jetzigen Überarbeitung erklärt Batau seinem älteren Bruder, dass er in das

Cypressenthal — irgend ein märchenhaftes Land — ziehen werde. Dort wolle er sein Herz in die Blüte einer Cypresse legen. Sollte diese eines Tages der Axt verfallen, so werde es dem Bruder durch das plötzliche Aufschäumen eines Kruges Bier kund gethan. Auf dieses Zeichen hin solle er unverzüglich in das Cypressenthal eilen, um das herabgefallene Herz zu suchen.

Batau also führte ohne Herz ein glückliches Dasein, baute sich eine Burg und vergnügte sich mit der Jagd. So begegnete er eines Tages einer Gesellschaft von 9 Göttern, welche spazieren gingen, um sich auf der Erde umzusehen. Die hatten Mitleid mit dem einsamen Menschenkind und der heitere Lichtgott sprach zu dem Wolkenbildner Chnum, der einst die Erde auf seiner Töpferscheibe geformt hatte: Bilde doch ein Weib für Batau, damit er nicht so allein ist! Als nun Chnum ihren Wunsch erfüllt und ein göttergleiches Weib geschaffen hatte, erschienen die 7 Feen — wie in der Erzählung von dem verwunschenen Prinzen —, um ihr Schicksal zu verkünden. Der Spruch aber lautete: Sie wird eines gewaltsamen Todes sterben.

Batau aber liebte seine Frau leidenschaftlich und war ängstlich um sie besorgt. So offenbarte er ihr denn rückhaltlos sein

Schicksal und sprach: Geh nicht hinaus, dass die See dich nicht fasst, denn ich kann dich nicht retten, da ich ein Weib bin wie du, denn mein Herz liegt in der Blüte der Cypresse. Wenn es ein andrer findet, so muss ich mit ihm kämpfen.

Aber eines Tages wagte sich die Frau doch an das Ufer, da warf das Meer seine Wellen hinter ihr her und sie floh wieder in ihr Haus. Da sprach das Meer zur Cypresse: „O, dass ich sie doch fassen könnte!" Und die Cypresse brachte eine Locke von ihrem Haar, und das Meer trug sie nach Aegypten und spülte sie gerade da an das Ufer, wo die Wäsche des Pharao gewaschen wurde, und der Duft der Haarlocke drang in die königlichen Gewänder. Es dauerte nicht lange, so geriet der Hof darob in grosse Bestürzung, vor allem der Oberwäscher, welcher sich den Grund dieses unerhörten Vorfalls nicht erklären konnte. Als er nun eines Tages sorgenvoll am Ufer des Nils spazieren ging, bemerkte er jene Haarlocke im Wasser, deren lieblicher Duft ihn sofort über die Ursache seiner verunglückten Waschkunst aufklärte. Sofort brachte er die Locke dem Pharao, der seine Weisen versammelte, um sie über die Herkunft des Haares zu befragen. Als ihre übereinstimmende Antwort es einer Tochter des Sonnengottes zugesprochen, und die Weisheit ihrer Geruchsorgane sogar den Herkunftsort festgestellt hatte, wurden Boten ausgesandt, um die wunderbare Maid zu holen. Aber Batau erschlug sie sämtlich und liess nur einen übrig, der die Kunde von dem jämmerlichen Ende seiner Gefährten überbringen sollte. Jetzt wurde ein Heer entsandt und mit ihm — was noch wichtiger war — eine kluge Frau mit schönen Schmucksachen. Deren vereinten Bemühungen gelang die Entführung und die Frau, welche sofort zur Königin erhoben wurde, wurde vom ganzen Lande begeistert begrüsst.

Aber die Königin fürchtet die Rache ihres früheren Gemahls, und so bittet sie den König, den Cypressenbaum, in dessen Krone sich das Herz Batans befindet, fällen zu lassen. Das geschieht, und nun zieht der in der angegebenen Weise benachrichtigte Anubis aus, um das Herz seines Bruders zu suchen, welches er nach 7 Jahren findet. Jetzt verwandelt sich das Herz wieder in den Bruder, welcher nunmehr seine Rache an der treulosen Frau ins Werk setzt. Zu diesem Zweck verwandelt er sich in einen gewaltigen Stier, auf dessen Rücken Anubis zum Palast des Königs reitet. Hier herrscht ebenso wie im ganzen Lande die grösste Freude ob dieses Wunders. Nur die Königin hat dazu keine Veranlassung, da sich der Stier ihr als Batau zu erkennen gegeben hat. So sinnt sie auf sein Verderben und weiss auch bei einem Gastmahl, unter geschickter Benutzung der Stimmung ihres Gemahls, den Tod des Stieres durchzusetzen. Als nun die Schlächter das getötete Tier zum Palast heraustragen, fallen zwei Blutstropfen auf die Erde und wachsen über Nacht als zwei schöne Perseabäume zu beiden Seiten des Thores. Auch in dieser neuen Gestalt giebt sich Batau der Königin zu erkennen, und diese weiss ebenso wie vorher von dem König den Befehl zum Fällen der Bäume zu erwirken. Als sie aber mit Genugthuung dem Werk der Holzhauer zusieht, fliegt ihr von ungefähr ein Holzsplitter in den Mund, und durch ihn genas sie bald darauf eines Knaben. Der König machte ihn zum Kronprinzen und er bestieg den Thron nach dem Tode seines Vaters. Seine erste That aber war die Vollstreckung des Todesurteils an seiner Mutter.

Es liegt auf der Hand, dass diese etwas mystische und verwirrte Erzählung, welche wir mit vollem Recht ein Märchen nennen dürfen, ursprünglich nichts mit dem ersten Teil der Geschichte, also der Novelle, zu thun hatte. Sie ist wohl nur durch die Laune irgend eines Redactors, hinter welchem sich ein Priester verbergen mag, in diese Gesellschaft gekommen. Wenn man berücksichtigt, dass in beiden Stücken die Untreue der Frau das Leitmotiv ist, so möchte man auf die Vermutung kommen, dass beide Teile ursprünglich als selbständige Stücke in einer Sammlung von Erzählungen standen, welche unter einem bestimmten Gesichtspunkt etwa als Beweise für den Wankelmut der Frauen zusammen gestellt waren.

Eine solche Compositionsweise liegt z. B. in den Märchen der 1001 Nacht vor. Für unseren Fall ist namentlich die Geschichte von den 40 Vezieren lehrreich. Die Sultanin Chansade hat sich in ihren Stiefsohn verliebt, findet aber mit ihrer Leidenschaft keine Gnade vor seinen Augen. Der Umstand, dass der Prinz plötzlich — infolge eines der Königin unbekannten Vorganges — stumm geworden ist, bestimmt die gekränkte Frau, den Prinzen desjenigen Verbrechens anzuklagen, welches sie selbst begehen wollte. Sie verlangt die sofortige Hinrichtung des Sohnes, zu welcher der Sultan seine Einwilligung giebt. Aber die 40 Veziere des Reiches, welche von der Unschuld des Prinzen überzeugt sind, wissen durch eine Reihe von Erzählungen, welche immer die Untreue oder den Wankelmut der Frau zum Gegenstand haben, die Vollstreckung des Urteils zu verschieben. Die Königin ihrerseits suchte durch ihre Erzählungen, welche die bösen Folgen der Unentschlossenheit berühren, den Sultan zu raschem Handeln zu bestimmen — aber ohne Erfolg. Am 40. Tage, als der letzte Vezier seine Geschichte erzählt hat, erlangt der Prinz die Sprache wieder und die Schuldige findet ihre gerechte Bestrafung.

Das würde ein Rahmen sein, in welchen man sich unsere Erzählung gespannt denken könnte. Einer solchen unter einem gemeinsamen Gesichtspunkt zusammengestellten Novellensammlung könnten die jetzt zusammengearbeiteten Erzählungen entstammen.

Damit ist die Reihe der aegyptischen Originalnovellen aus der Zeit des aegyptischen Nationalstaates, abgesehen von bedeutungslosen Fragmenten, erschöpft[1]). Aber wir dürfen nicht vergessen, dass wir dabei nur die geringen Überreste einer reichen Litteratur vor uns haben. Gewiss hat sich um eine Gestalt wie Ramses II ein reicher Novellenkranz gebildet, dessen Abglanz noch auf den Erzählungen ruhte, welche die Griechen von dem Welteroberer Sesostris berichteten. Und eine andere Novelle, welche eine ganz ungewöhnliche Verbreitung gefunden hat, die Ihnen alle bekannte humorvolle

---

1) Eine im Besitze des russischen Aegyptologen Golenischeff befindliche Reisenovelle ist mir nur aus einer gelegentlichen Notiz ihrem Inhalt nach bekannt geworden.

Anekdote von dem Schatzhaus des Königs Rhampsinit, hat den glanzvollen Namen jenes Königs zum Träger, wenn auch die Novelle selbst zur Zeit des Herodot, der sie uns aufbewahrt hat, entstanden sein mag. Jonische und aegyptische Phantasie mögen aber gemeinsam das reizvolle Kleid gewebt haben, wie es bei den vielen novellistisch angehauchten aegyptischen Erzählungen des Herodot der Fall sein wird.

Unter den späteren Gestalten der aegyptischen Geschichte bot namentlich der König Amasis, welcher auch auf dem Throne den ehemaligen brutalen Condottiere nicht verleugnete, der Novellenbildung einen dankbaren Stoff. Eine in der Ptolemäerzeit niedergeschriebene Novelle hat uns gezeigt, dass auch Herodots Erzählungen durchaus auf den richtigen aegyptischen Ton gestimmt sind. Aber neben der Gegenwart wurde auch die Vergangenheit nicht vergessen; je trostloser jene erschien, um so lieber flüchtete sich die Phantasie in jene grosse Zeit, nach deren Wiederkehr ein Geschlecht thatenloser Epigonen vergebens ausschaute. So führt uns die einzige grössere Novelle der Ptolemäerzeit in die glanzvolle Zeit der Ramessiden. Der Held ist ein Sohn Ramses II, welcher ein von dem Gott Thot selbst verfasstes Zauberbuch in seine Hände bringt, dieses aber, als ihm der Besitz desselben Unheil über Unheil gebracht, wieder dem ehemaligen Besitzer zustellt. Auch hier ist, wie in den Sagen vieler Völker — namentlich in der nordischen Mythologie — mit dem göttlichen Geschenk ein finsteres Verhängnis verknüpft.

Mehr als bei irgend einem Volke tritt uns in der Entwicklung des Pharaonenreiches der Gegensatz zwischen dem durch die Tradition festgebannten einförmigen Kulturleben und der von ihr unabhängigen reichen Gestaltung des Volkslebens entgegen. Nur wo die Tradition herrscht, in der Kunst wie in der Litteratur, besteht die Meinung von der Entwicklungslosigkeit der aegyptischen Kultur — freilich mit gewissen Einschränkungen — zu Recht. Aber überall wo der Strom des im Volke wurzelnden, von der Überlieferung nicht überwucherten Kulturlebens die Oede der aegyptischen Geschichte belebt, blüht eine reiche Entwicklung, die wir langsam mehr und mehr erkennen und würdigen. An den Ufern dieses Stromes hat die Wiege der aegyptischen Novelle gestanden; haben wir sie doch überall in engster Fühlung mit dem Volksleben gefunden, gleichsam aus dem Geist der Zeit geboren.

Und wenn wir das Ausleben der aegyptischen Novelle ins Auge fassen und ihren letzten Ausläufern nachgehen, so war uns schon hier und da die Verwandtschaft mancher Erzählung mit der anderer Litteraturen aufgefallen. Besonders die Märchen der 1001 Nacht, von denen ja einige nachweislich in Aegypten entstanden sind, enthalten manche Züge, in welchen der Geist der alten Novelle fortlebt. Und so hängen wir Moderne, die als Kinder andächtig den Wundern jener Märchensammlung gelauscht haben, auch auf dem Gebiete der Litteratur durch feine, beinahe unsichtbare Fäden mit einem der ältesten und grössten Kulturvölker der Erde zusammen.